にほんご多読(たどく)ブックス
Taishukan Japanese Readers

Level
0

屋久島(やくしま)

片山智子(かたやまともこ) [作(さく)]
NPO多言語多読(たげんごたどく) [監修(かんしゅう)]

大修館書店

わあ、大きい木！

この「大きい木」は、
鹿児島県の屋久島にあります。

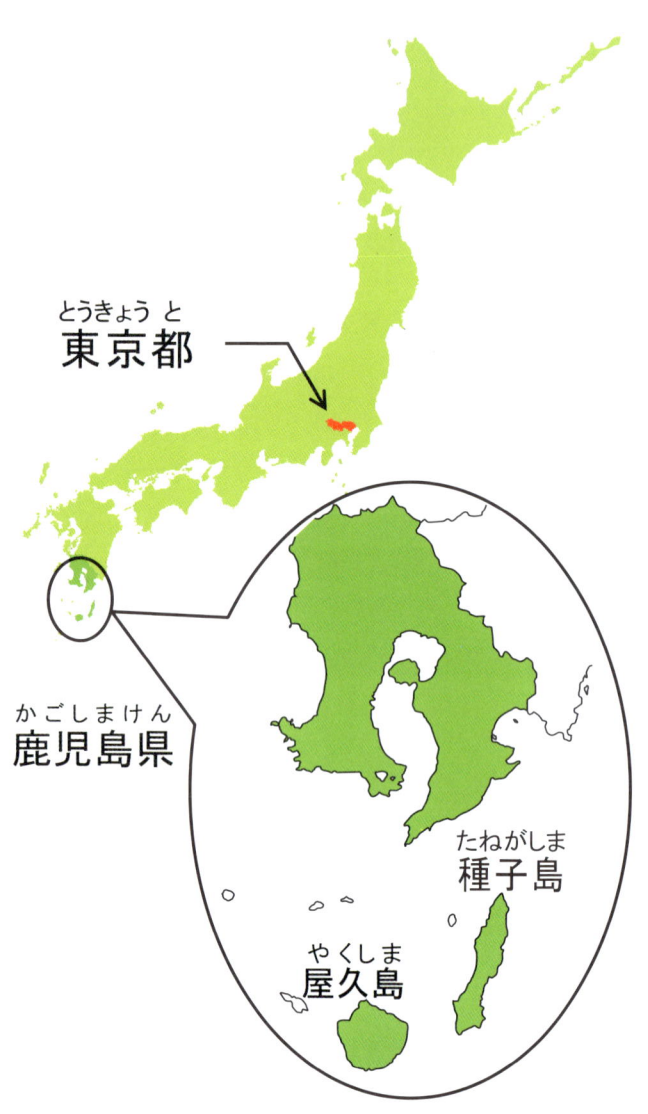

鹿児島から屋久島まで、
飛行機で 40 分かかります。
速い船で2時間、遅い船で4時間かかります。

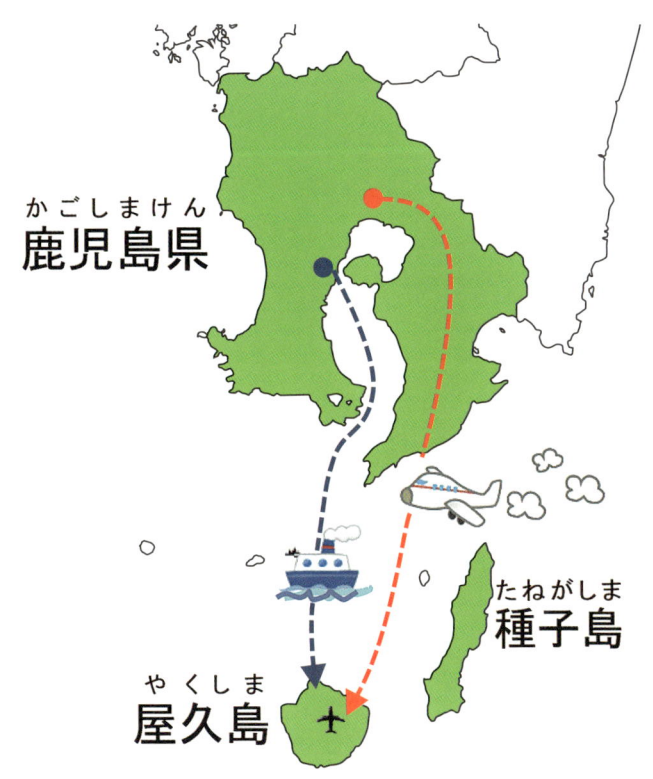

さあ、屋久島へ行きましょう！

● 6月 16 日　午後2時

屋久島の海に着きました。暑いです。

これは何でしょう？

夜、ウミガメが、卵をたくさん産みました。
卵は、やわらかいです。
4センチぐらいです。

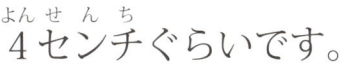

朝、ウミガメは
海へ帰りました。

写真提供：NPO法人屋久島うみがめ館

6月(ろくがつ) 17日(じゅうしちにち) 午前5時(ごぜんごじ)

今日(きょう)は、山(やま)に行(い)きます。山(やま)は寒(さむ)いです。

シカ(しか)がいます。

サル(さる)もいます。

屋久島は雨が多いです。
だから木が大きいです。

屋久島の人は言います。
「屋久島は、1か月に 35 日、雨が降ります」

● 午前10時半

これは「ウィルソン株」です。
株の中はとても広いです。

中から空が見えます。

長い階段を上ります。
「大きい木」は、階段の上にあります。

● 昼 12 時

着きました！　この木の名前は「縄文杉」です。

とても古い木です。3000歳ぐらいです。

● 午後7時
　ご　ごしちじ

海に帰ります。
うみ　かえ
夕日がきれいです。
ゆう ひ

縄文杉への道

［監修者紹介］

NPO多言語多読（エヌピーオー　たげんごたどく）

2002年に日本語教師有志が「日本語多読研究会」を設立し、日本語学習者のための多読用読みものの作成を開始した。2012年「NPO多言語多読」と名称を変更し、日本語だけでなく、英語、韓国語など、外国語を身につけたい人や、それを指導する人たちに「多読」を提案し、支援を続けている。http://tadoku.org/

主な監修書:『にほんご多読ブックス』vol. 1〜10（大修館書店）、『レベル別日本語多読ライブラリー にほんご よむよむ文庫』スタート、レベル0〜4（それぞれ vol. 1〜3)、『日本語教師のための多読授業入門』（ともにアスク出版）、『日本語多読 上下巻』（WEB JAPANESE BOOKS）

＊ この本を朗読した音声は、NPO多言語多読のウェブサイトからダウンロードできます。https://tadoku.org/japanese/audio-downloads/tjr/#audiodownload-01

〈にほんご多読ブックス〉vol. 1-2
屋久島
© NPO Tadoku Supporters, 2016　　　　　　　　　NDC817／15p／21cm

初版第1刷——2016年6月10日
　　第2刷——2024年5月 1 日

作　者————片山智子
監修者————NPO多言語多読
発行者————鈴木一行
発行所————株式会社 大修館書店
　　　　　　〒113-8441　東京都文京区湯島2-1-1
　　　　　　電話　03-3868-2651（販売部）　03-3868-2290（編集部）
　　　　　　振替　00190-7-40504
　　　　　　［出版情報］　https://www.taishukan.co.jp

表紙組版————明昌堂
印刷・製本所—壮光舎印刷

ISBN978-4-469-22249-4　　Printed in Japan

Ⓡ 本書のコピー、スキャン、デジタル化等の無断複製は著作権法上での例外を除き禁じられています。本書を代行業者等の第三者に依頼してスキャンやデジタル化することは、たとえ個人や家庭内での利用であっても著作権法上認められておりません。